INGE MORATH NEW YORK

Impressum

Die Deutsche Bibliothek – CIP Einheitsaufnahme

Morath, Inge:
New York / Inge Morath.
[Übers. der dt. Originaltexte von Wolfgang Hermann und Kurt Kaindl durch Susanne Steinacher]. - Salzburg ; Wien : Müller, 2002 (Edition Fotohof; Bd. 22)
ISBN 3-7013-1048-3

Edition Fotohof, Band 22 / *Volume 22*
Herausgegeben von / *Published by* Kurt Kaindl
Umschlaggestaltung unter Verwendung eines Fotos von Inge Morath, 1957
Cover design: photograph by Inge Morath, 1957

Seite 178: Foto von Stefan Thull (Stuttgart) /
Page 178: Photograph by Stefan Thull (Stuttgart)

Übersetzung des englischen Originaltextes von Arthur Miller durch Wolfgang Hermann (Bregenz)
The Text by Arthur Miller was translated by Wolfgang Hermann (Bregenz)
Übersetzung der deutschen Originaltexte von Wolfgang Hermann und Kurt Kaindl durch Susanne Steinacher (Graz)
The Texts by Wolfgang Hermann and Kurt Kaindl were translated by Susanne Steinacher (Graz)

Vergrößerung der Originalnegative unter Aufsicht von Inge Morath durch Igor Bakht (New York)

Enlargements were made from the original negatives by Igor Bakht (New York) under supervision of Inge Morath

Produktion / *Production*: Blüml & Kaindl (Salzburg)
In Zusammenarbeit mit / *in cooperation with*: The Estate of Inge Morath, New York
Lektorat / *Editing*: Karoline Neubauer, Otto Müller Verlag, Salzburg und Susanna Seidl-Fox, Salzburg
Gestaltung / *Design*: Hermann Resch, Salzburg
Druck / *Printing*: Passavia Druckservice, Passau

ISBN 3-7013-1048-3

INGE MORATH

New York

Edition Fotohof im Otto Müller Verlag

Arthur Miller

Inges New York

Westliche wie östliche Malerei und Bildhauerei prägten Inge Moraths geistiges und künstlerisches Leben. Sie nahm die bildende Kunst buchstäblich wie Nahrung auf; häufig blätterte sie zur Entspannung nach einem langen Tag in Bildbänden über Kunst, viele dieser Bilder begleiteten sie durch ihr ganzes Leben. Kunst gab ihr Halt und bestärkte sie auf ihrer Suche nach Schönheit mittels der Kamera. Ich glaube, sie war weniger Reporterin im üblichen Sinn, als vielmehr Entdeckerin der Formen und natürlichen Muster, die das Chaos in seinem Gefolge gebiert.

Unsicherheit, ja fast Bescheidenheit lagen in ihrer Haltung zur Positionierung der Fotografie in der Kunst – eine Haltung, die ihren Ursprung vielleicht in ihrer Kenntnis der großen Malerei fand. Für sie bestand ein entscheidender Unterschied zwischen Foto und Bild. Ich nehme an, sie würde sagen, Ersteres ist eine mechanische Reproduktion dessen, worauf auch immer Licht gefallen sein mag; das Zweite ist eine Komposition, deren bestimmende schöpferische Kraft von der Person hinter der Kamera ausgeht, kurz: eine intuitive Komposition. Manchmal beschäftigte sie die Frage, ob Fotografie Kunst ist oder sein kann, oder ob vielmehr ein neuer Denkansatz gefunden werden müsste, der den Unterschied zwischen Fotografie, Malerei und Bildhauerei berücksichtigt. Es muss nicht eigens gesagt werden, dass sie bei weitem nicht bloß Ästhet war. Das kulturelle und moralische Gewicht eines Bildes, seine Aussage, hatte für sie die gleiche Bedeutung wie seine ästhetische Dimension, manchmal wogen sie sogar mehr. Keine Spur von Snobismus in ihrer Sicht des Problems; sie war stolz, Fotografin unter Dokumentarfotografen zu sein, stolz, das Handwerk mit denen zu teilen, die die Vergangenheit dokumentierten, wie den Sezessionskrieg, die Große Depression, die Regentschaft der Königin Victoria in England, das 19. Jahrhundert in Frankreich, Deutschland, Italien.

Sie war darin niemals engstirnig, und den vielen jungen Leuten, die sie um Rat und Unterweisung baten, half sie ohne einzuengen. Jeder Mensch ist anders, und jedes Talent lässt seine Saat auf andere Weise aufgehen. Sie wusste durch Erfahrung, dass ihre eigene Arbeit von Persönlichkeit und Lebenserfahrung bestimmt war; so versuchte sie den Augenblick festzuhalten, da ein Ort oder eine Person zu Leben erstand, und in dem sich zugleich das Zeitalter, der Angelpunkt eines historischen Abschnitts und seiner sozialen Situation zeigte.

Niemand musste Inge erklären, dass gesellschaftliche Einflüsse den Menschen ebenso prägen wie familiäres Erbgut. Sie wurde in einer nationalsozialistischen Gesellschaft erzogen, in einer sich in Auflösung befindlichen Moral, die ihre letzten schweren Atemzüge in einem Krieg verhauchte, den sie gegen die ganze Welt angezettelt hatte. Das Leben enger Freunde und Verwandter wurde durch den Krieg erschüttert oder vernichtet, und in ihrer Jugend musste Inge ihre Gedankenwelt gegen die Lügen und Gemeinheiten des Nazismus verteidigen, der offiziell als Stimme des Volkes geltend gemacht wurde. Dabei lernte sie Toleranz, ohne sich von der Wahrheit abbringen zu lassen; im Paris der Nachkriegsjahre verrannten sich ihre besten Freunde – einige davon zählten zu Europas originärsten Künstlern – in der pro-sowjetischen Haltung dieser Zeit, während Inge als eine der wenigen an ihrer Überzeugung festhielt, dass eine übermächtige Diktatur von Links die Diktatur von Rechts nur ersetzen würde, unter der sie ihre Jugend verbracht hatte. Ein Wissenschaftskollege ihres Vaters war in den Dreißigerjahren einer Arbeitseinladung der Sowjetregierung gefolgt und während einer von Stalins Säuberungen für immer verschwunden. Dennoch verlor sie nie ihre Liebe zur russischen Literatur und Ikonenmalerei, ebenso wie zu den Menschen dieses Landes. Inge war offen dem Ehrwürdigen, Geheimnisvollen und ursprünglicher Religiosität gegenüber, und bei den Russen fand sie vielleicht häufiger als anderswo die Bereitschaft und das Verlangen, in eine andere Welt vorzudringen. New York scheint zwar als Ort das genaue Gegenteil zu verkörpern, aber die große, harte, umtriebige Stadt war für sie ebenso bewegend, die achtlose Selbstzerstörung, nur um sich wieder und wieder aufzubauen, gleichsam als besäße die Stadt einen Geist, der unablässig oszillierte zwischen der Unvollkommenheit und dem geliebten, unerreichbaren Ruhm. An dieser Ruhelosigkeit war etwas Heiliges, wurde New York doch unaufhörlich neu geschaffen von Menschen, die sich auf dem Weg zur Umsetzung ihrer Träume vorantasteten.
Wie ihre Fotografien war Inges Wesen von Einfühlung bestimmt. Niemals zeigte sie einen Menschen auf herabwürdigende Weise, niemals das Foto eines Bauern oder Diplomaten mit lächerlich aufgerissenem Mund beim Verschlingen einer Pflaume. Auch den Krieg konnte sie nicht fotografieren. Es schmerzte sie ganz einfach zu sehr. Sie konnte nichts im Abwerfen von Bomben aus Flugzeugen finden, selbst wenn sie sich gegen verhasste Diktaturen richteten, denn sie vergaß nie die unschuldigen Men-

schen, die unter den Flügeln des Flugzeugs in Stücke gerissen wurden – sie selbst war mehr als einmal mit fremdem Blut bespritzt worden und hatte die erstickenden Schreie von Sterbenden gehört. Wenn es je eine verdiente Humanistin auf dieser Erde gab, dann war es Inge Morath. Sie sah die Tragödie in den jeweils berechtigten Ansprüchen, die verfeindete Parteien an die Welt stellen, sie sah das verborgene Angesicht der vollen Wahrheit.

Ich denke, ihr Widerstreben, die Fotografie als Kunst zu sehen, rührte daher, dass ein Foto mit relativ geringer Pein gemacht werden kann. Sie glaubte nicht daran, dass Künstler an ihrer Arbeit zu leiden hätten, nein, Menschen, die sich allzu sehr in ihren Problemen suhlten waren ihr suspekt. Jahrelang wohnten wir in derselben Straße wie Alexander Calder, einem der glücklichsten Künstler überhaupt, dessen Arbeit scheinbar mühelos aus ihm heraus floss wie Wasser aus einer Quelle, und Inge und er schätzten sich gegenseitig sehr. Sie aber glaubte, ein wirkliches Kunstwerk sei eine Art von Gabe, unerklärlich, das Geschenk eines unbekannten Gönners, um das der Künstler ringen muss, um es zu gewinnen, während es zugleich sein Schicksal ist, es zu erreichen; beides, die Arbeit als auch Glück sind manchmal auf tragische Weise notwendig. Das Leben ist ein Geheimnis, das nicht existiert, um gelöst, als vielmehr um gefeiert und ausgehalten zu werden.
Viele von den hier veröffentlichten Fotos gehören zu den letzten, die Inge Morath machte, und jetzt, da ich viele davon zum ersten Mal sehe, tritt meine bisherige Sicht auf ihre Arbeit in den Hintergrund durch die Überraschung, die die Fotos in mir bewirken. So bin ich verblüfft über die Anzahl der Bilder, die Frauen abbilden.
Das erinnert mich daran, dass Inge in den Siebzigern und Achtzigern, als die Frauenbewegung ein neues Selbstbewusstsein in den Frauen erzeugte, zwar deren Ziele unterstützte, aber auch von manchen Exzessen abgestoßen war und niemals zögerte, davon zu sprechen. Zum Beispiel hasste sie das Wort „Frauenfotografin", oder bezeichnen wir etwa die anderen als „Männerfotografen"? Für sie gab es Fotografen, Punktum, einige besser als andere, aber der Unterschied hat nichts mit dem Geschlecht zu tun. Gleichzeitig war ihr natürlich bewusst, dass sogar unter ihren Kollegen eine Frau, wenn auch unausgesprochen, zweite Wahl war. Mich selbst erinnerte dies daran, was die meisten von uns irgendwann über Theaterautoren und Komponisten gedacht hatten – dass die Strenge dieser Künste zu ernsthaft wäre, als dass Frauen sich in ihnen auszeichnen könnten; dass die männliche Fähigkeit zum Entwurf komplexer Kraftlinien wie in der Architektur oder der Malerei vom zarteren weiblichen Verstand nicht erreicht werden könne. Die regelrecht explosionsartige Zunahme von Theaterautorinnen und Filmemacherinnen in den letzten Jahrzehnten belegt freilich den Stumpfsinn solcher Überzeugung. Inge nahm diese Herablassung übel, und sie benützte ihre Weiblichkeit nie als Waffe oder Entschuldigung für ein Versagen. Nicht einmal, als Fotografen sie einfach überrannten, während sie den Präsident-

schaftskandidaten Adlai Stevenson auf dem Boden hockend fotografieren wollte. Nicht die Frauen stehen im Zentrum dieser Auswahl, weder in der Zahl noch im Ausdruck der Bilder, sondern die einfache Befreiung von jeder Anspannung, die möglicherweise von ihrer Weiblichkeit herrührt; auf wunderbare Weise zeigen sie sich so unangestrengt und natürlich, wie sie Hunde ausführen, Maschinen bedienen, am Schreibtisch arbeiten, Bilder betrachten, verführerisch posieren, Schlittschuh laufen und so weiter. Ihre Fotos von beinahe nackten Frauen sind witzig, weit mehr als in diesem Genre üblich, und sie zeigen zweifellos, wie sich die Frauen fühlen, während sie sich entblößen. Inge konnte sehr witzig sein. Vielleicht ist gerade die fehlende weibliche Befangenheit entscheidend, eine Qualität, die Inge in ihrem eigenen Leben stark zum Ausdruck brachte. Sie interessierte sich für Kleider, Frisuren, Klatsch und Sex, niemand war ehrgeiziger beim Betreten einer Runde wichtiger Menschen, aber sie hatte keine Rechtfertigung oder gar Entschuldigung nötig – sie war schlicht und einfach glücklich, ein Mensch und am Leben zu sein. Kurzum, die Frauen in diesen Bildern sind wie sie ganz und gar anwesend.
Beinahe alle Fotos wurden in New York gemacht, die Stadt, die sie ganz besonders liebte, auch wenn sie sich selbst als Europäerin sah und es auch war. Wie die meisten New Yorker konnte sie über die Jahre an New York verzweifeln, und wie die meisten Amerikaner verzweifelte sie auch dann und wann an Amerika. Doch wenn jemand, egal ob Ausländer oder Amerikaner, die Stadt oder das Land verdammte, verteidigte sie beides voll und ganz. „Hier hast du mehr Freiheit, deine Flügel auszubreiten, als irgendwo sonst", sagte sie dann. Im Zynismus und der Korruption unserer Gesellschaft berührte Zivilcourage sie tief. Sie liebte U-Bahnfahren, die unterschiedlichen Rassen auf engem Raum übten einen großen Reiz auf sie aus, und mehr als einmal passierte es ihr, dass sie zwischen Fremden als Übersetzerin vermittelte, denn sie konnte sieben Sprachen lesen und fünf davon fließend sprechen. In dem Wahnsinn da unten fand sie einen lebenden Surrealismus und die konkurrenzlose Fähigkeit der New Yorker, absolut Ungewöhnliches einfach zu ignorieren, selbst wenn es direkt neben ihnen geschieht. Spanischstämmige Banden marodierten in der U-Bahnstation, und Inge konnte sie kühl mit einem spanischen Redeschwall einbremsen, und sie waren verblüfft über die würdevolle weiße Señora. Eines Tages gingen wir auf dem Gehsteig, als ein Bursche mit dem Fahrrad auf uns zuschoss, wobei er die Fußgänger, darunter einen alten Mann, zur Seite drängte; als er sich uns näherte, ließ sie ein Gewitter auf Spanisch über ihn hereinbrechen, dass er beinahe vom Rad gefallen wäre und vom Gehsteig zurück auf die Straße hinunterfuhr, wo er hingehörte. Eines Nachmittags hatte sie eine Reifenpanne nur einen Steinwurf von einer Garage entfernt, vor der drei spanischstämmige Parkwächter hockten und plauderten. Sie fragte, ob wohl einer von ihnen so gut wäre, ihr beim Radwechsel zu helfen. Wortlos schüttelten sie ihre Köpfe, bockten den Wagen auf und wechselten das Rad. Am Ende entschuldigten sie sich und winkten zum Abschied.

Die Architektur New Yorks berührte Inge, teilweise, denke ich, weil sie so authentisch Zeugnis ablegt von der Umtriebigkeit und dem Stolz des geschäftigen Amerika. Fotos, die im Wesentlichen architektonisch zu sein scheinen, zeigen ihren Maler-Blick, der der Wucht der Raumkomposition dieser Stadt nachspürt. Sie schaffte es, in den Bildern die Wirklichkeit selbst auf die Ebene der Abstraktion zu heben, so dass die Masse vor ihrem Auge ohne Tricks und Verzerrung in eine formale Verbindung zu treten schien, die die Stahl- und Ziegelrealität überwand.

Inge begann nach dem Krieg als Journalistin und Lektorin in Wien für österreichische und amerikanische Zeitungen zu schreiben. Ihr erster Auftrag bestand in einer journalistischen Zusammenarbeit mit Ernst Haas in Europa. Haas war schon ein anerkannter Profi und arbeitete für die damals neue Agentur Magnum, deren geistige Führer Bob Capa und Cartier-Bresson waren. Den jungen Fotografen, die Magnum gründeten, ging es zuallererst um den Schutz ihrer Fotorechte durch Betitelung, die bis dahin den Verlegern oblag und daher eine vom Fotografen intendierte Aussage oft verfälschte. Die Gründung von Magnum war geprägt vom Verantwortungsbewusstsein für die Wahrheit dessen, was die Fotografen gesehen hatten. Der kommerzielle Aspekt der Fotografie, der später dominierte, kümmerte sie damals kaum. Sie alle waren Europäer, einige Engländer, und sie alle hatten die Schreckensperiode des Faschismus und seinen manipulativen Umgang mit der Wahrheit miterlebt, daher war für sie die Verteidigung der Wirklichkeit zugleich auch Verteidigung von Menschlichkeit und Integrität. Die Kamera konnte zur Hoffnung in der Welt beitragen. Die Fotografie war die lebendige Auseinandersetzung mit ihrer Zeit und für die große Anzahl von Analphabeten und Ungebildeten ein Weg zur Schönheit. Man vermied große Worte, aber tief im Innern hatte die Fotografie für die meisten von ihnen mit der ästhetischen auch eine gesellschaftliche und moralische Aufgabe.
Aus dieser Tradition kam Inge Morath zur Fotografie, und sie beeinflusste ihren Blick beim Fotografieren von Menschen, die wussten, dass sie fotografiert werden. Nie gab sie ihnen etwas zu tun, um sie „natürlich“ aussehen zu lassen, sie fotografierte frontal und zeigte sie so, wie sie gesehen werden wollten. Darin liegt ein gewisser Charme von Aufrichtigkeit, sie zeigt die Menschen, wie sie aussehen und auch, wie sie aussehen möchten, und sogar, wie sie über sich selbst denken, welchen Eindruck sie erwecken möchten und was sie zu verbergen suchen. Es lag in Inges Verlangen, das Falsche so weit wie möglich von ihrer Linse fernzuhalten.
In diesen Bildern ist New York weniger ein Ort als vielmehr Menschen, Bedingungen, aus denen Einzelne ihr Leben erschaffen. Die immer fotogene Brooklyn Bridge ist dabei, aber sie gehört jemandem – dem zeitungslesenden Mann, der auf seiner Bank sitzt. So ist es mit der ganzen Stadt, sie gehört Menschen wie diesem Mann.

Arthur Miller

Inge's New York

Inge Morath's spiritual and esthetic life was dominated by the painting and sculpture of both East and West. Visual art was almost literally her food; frequently, her relaxation at the end of a day was to leaf through a book of paintings, many of them ones she had known and marvelled at over many years. Art sustained her, strengthened her loving pursuit of beauty with her camera. She was, I think, not so much a reporter in the usual sense as a discoverer in the life around her of the forms and natural designs that chaos leaves in its wake.

There was always an uncertainty, even a humility in her attitude toward the artistic position of photography that was probably born of her knowledge of great painting. For one thing, there was for her an important difference between a photograph and a "picture." The former was, I suppose she would say, a mechanical reproduction of whatever light has fallen upon; the latter was a composition whose dominant creative force came from the person behind the camera, in short, a felt design. She would sometimes wonder aloud if in fact photography was or could be an art or whether another concept had to be found for it, an idea that would respect the differences between it and painting and sculpture. Needless to say, however, she was far from being a mere esthete. The cultural and moral weight of the image, what it "told" meant as much as its design, at times even more.

There was no trace of snobbishness in her view of the problem; she took pride as a photographer in being a companion of documentary photographers, and in sharing a metier with those who had in the long past preserved some of the realities of the American Civil War, for example, the Great Depression, or the imperial reigns of Victoria in England or the French, German or Italian 19th Century life. At the same time she was never a narrow activist in this, never pressing the many young people who kept coming to her for advice and help to turn this way or that to achieve "an eye." Each human was different, and the talent of each had its own seed to cultivate. For she knew that in her own work the path was decreed by her personality and her difficult experience in life; thus, she would wish to achieve "a picture" which at one and the same instant brought to life a place or individual but also an age, a moving point along the locus of a particular historic time and social situation.

No one had to tell Inge that humans were formed by social forces as well as hereditary imprints. She was raised in Nazi society that was morally disintegrating even as it had discovered a "new morality," one which gasped its last breaths in a war it had started against the world. Close friends and relatives had lives twisted or cut short by war, and even in her youth she had had to defend her mind against the lies and vulgarities of Nazism, officially asserted as the voice of the people. So it was that she learned to tolerate opposition while clinging to the truth; in Paris after the War, her best friends, some of Europe's most original artists, were caught up in the sentiments of pro-Soviet feeling of the time and she was one of a very few who persisted in the belief that a monstrous dictatorship from the Left was replicating the one from the Right under which she had had to live out her youth. For one thing a scientific colleague of her father's in the Thirties had gone to work in Soviet Russia at that government's invitation, and was swept away in one of Stalin's purges. At the same time she would never lose her love for Russian literature and iconic art, and for the Russian people themselves. Inge had a certain openness toward the reverential, the mysterious, and the pure experiences of the religious, and in Russian types perhaps more often than in others found the willingness and the desire to reach another world. New York would seem the very opposite of such considerations, but the great, tough, striving city moved her as it carelessly tore itself down and rebuilt itself again and again, quite as though it possessed a spirit endlessly at odds with its imperfections and in love with some unattainable glory. This restlessness was also touched by the holy, for New York was endlessly recreated by people groping their way toward their dreams.

Like her pictures, the essential element of her personality was empathy. She never took a photograph that demeaned a human being, no pictures of peasant or diplomat with mouth ludicrously open to swallow a plum. Nor could she take a picture of war. It was simply too painful for her. It was very hard for her to find the "good" in bombing from a plane, even against loathsome regimes, when she knew that under its wings innocent people were being gashed by fragments, for she had been splashed more than once by blood spurting from arteries and had heard the choking cries of the dying. If there was ever an earned humanist in this world it was Inge Morath. In a word, it was tragedy she saw in the equally righteous claims that warring parties make upon the world's sympathies, in the hidden face of the whole truth.

I think her reluctance to call photography an art flowed, as much as anything else, from the relatively mild anguish with which photography could be done. It was not that she insisted an artist had to agonize; indeed, she suspected those who indulged too much in their difficulties, and we lived for years down the road from one of the happiest of artists, Alexander Calder, whose work surfaced from him as easily as the water from a spring, and who adored Inge and she him. But she believed, I think, that in some inexplicable sense a real work of art was a kind of donation, a gift from donor unknown that the artist had both to struggle to win and at the same time was his blind fate to achieve, and that the labour and the good fortune were both, sometimes tragically, necessary. Life, in short, was mystery, one that existed not to be solved so much as celebrated and endured.

Many of the pictures included here are among the last ones Inge Morath took, and since I am seeing most of them here for the first time any preconceived notions of her work are minimized by the surprise some of them evoke in me. I am caught off-guard, for example, by the number of pictures which feature women.

This reminds me that in the Seventies and Eighties when the women's movement was gathering strength and generating a certain new self-awareness among women, Inge both supported its aims and was put off by some of its excesses and did not hesitate to say so. She detested, for example, the idea of a "woman photographer." Do we call the other kind a "man photographer?" There are photographers, period, is what she would say, some better than others, and the difference stems not from gender. At the same time she was perfectly aware that even among her fellow-photographer colleagues a woman had a certain unacknowledged second-class, almost retarded position. This in turn reminded me, incidentally, of something most of us once commonly believed about playwrights and serious composers of music – that the stringencies of these arts were too severe for women ever to excel in them; that like architecture, and painting too, the male capacity for conceptualizing extremely complicated lines of force was not to be matched by the tender female brain. The veritable explosion of playwriting and films by women in the last decades belies that confident silliness, of course. And if Inge resented it as a kind of condescension she also resisted using her femininity as any sort of weapon or excuse for failure or generalized complaint. This, even after she photographed presidential candidate Adlai Stevenson from among a mob of men photographers who, when she got down on the floor to shoot upward, simply stepped on her.

It is not that women are in any sense the center of this collection either by number or emphasis but that they are simply freed in these pictures from any special tension due them as female; rather magically, I think they are shown as effortlessly natural as they walk dogs, run machines, work at desks, look at pictures, enticingly posing, ice skating and so on. Her photos of near-naked women, for example, are fun, far more-so than is usual on that subject, and no doubt reflect what the subjects are apt to feel themselves in the act of baring flesh. Inge could be a very funny woman. In short, it is possibly the absence of female self-consciousness that is really the issue here; and it is a quality that Inge expressed in her own life. No one was more interested in clothes and hair styles and gossip and sex, no one more competitive on entering a roomful of notable people, but none of this required any sort of self-justification or excuse on her part – she was just happy to be alive and human and not at all above the strivers of this world. In a word, like Inge the women in these pictures are present. Almost all of these pictures were taken in New York, a city she particularly loved even as she thought of herself, and was, a European. Over the years she could, like most New Yorkers, despair of the city, and like most Americans could despair of the country as well, now and then. It was only when someone, foreign or native, would condemn the place or America, that she would rise to its total defense. "You have the freedom to spread your wings here as nowhere else," she would declare. Amid all our cynicism and corruption, a show of civic responsibility could move her very deeply. She loved riding the subway, the stimulus of the variety of races alongside her there for whom she more than once found herself translating, one to the other, since she read seven languages and was fluent in five. In the craziness down below she found a living surrealism in which she included the matchless ability of New Yorkers simply to ignore the absolutely outrageous happening an armslength away. There were times when Hispanic gangs were marauding on the subway platforms; she would stop them cold with an outpouring of Spanish that amazed and chastened them, coming as it did from such a dignified white senora. We were walking along a sidewalk once when a boy came racing toward us on a bike, forcing people, including one old man, to one side; when he neared us she upbraided him in such a fine torrent of Spanish that he nearly fell off the bike and ran it over the curb, fleeing on the roadway where he belonged. One afternoon a tire on her car happened to go flat a few yards away from a parking garage in front of which three Hispanic parking attendants were sitting and chatting. She asked if one of them would be good enough to help change her wheel as she had a good tire in the trunk. Wordless, they simply shook their heads and sat it up and changed the wheel. By the end they were asking her pardon as they waved goodbye.

She was moved by the architecture of New York, partly I think because it was so authentic, a generic expression of the thrust and boast of commercial America. Where a picture is solely or basically architectural in its content, one can see her painterly eye which somehow registers the impact of the arrangement of spaces in the city. She was able to lift reality into an area of the abstract in these pictures so that without tricks or distortion the masses before her seemed to move into formal relationships that transcend their brick and steel reality.

Inge started as a journalist in Vienna writing for and editing Austrian and American papers after the War, and her first job was as a writer working with Ernst Haas in Europe. Haas was already a recognized professional with the then-new Magnum group of which Bob Capa and Cartier Bresson were the guiding spirits. The young photographers who started Magnum were motivated primarily by the need to protect their pictures by controlling their captions, which up to then were completely the property of publishers who often distorted what the photographers had intended the picture to convey. In a word, these upstarts were moved by a sense of responsibility to the truth of what they had seen, and so the commercial side of photography, which later would come to dominate, was hardly an issue for them. All of them Europeans, a few British, they had lived through the terrible era of Fascism with its contemptuous manipulations of facts, and saw in their defense of the real a defense of decency and humanity. The camera could add some hope for the world. They saw in photography a vital engagement with the realities of the time, but also an introduction to beauty for great numbers of the illiterate and uneducated. Most of them would avoid voicing high-flown claims for what they were doing, but deep down photography for them had a social and moral mission along with its esthetic one.

It was out of this tradition that Inge Morath came to photography, and I believe it influenced, perhaps cryptically, certain choices she made when photographing people who knew they were being photographed. Rather than staging them "candidly," and inventing some activity to make them look "natural," she shot them full-face to let them openly pose for her as they wished to be seen. There is a certain charming candor in this but it is also a way of revealing not only what they look like but what they wish to look like and even what they think of themselves and what they wish to reveal and conceal. It was part of Inge's instinctive desire to push the fake as far away from her lens as possible.

New York, in these photographs, is less a place than people, a circumstance on which individuals from among the most variegated population in the world create their lives. The ever-photogenic Brooklyn Bridge is here, but it belongs to someone – the man reading his newspaper seated on its promenade. And so it is with the city itself which belongs to humans like these.

Magnum Bookkeepers,
Sharon Goldberg and
Barbara Rosman, 1965

Wolfgang Hermann

Im Tunnelsystem der Träume

Von der Anhöhe des Fort Tryon Park am westlichen Ende Manhattans, mit einem Bein schon in der Bronx, bietet sich mir ein Bild wie von einer sehr alten Landschaft, in die der Mensch mit seinen Bauten vor nicht langer Zeit eindrang. Die bewaldete Küste von New Jersey säumt horizontweit den Hudson, der noch alten Erzählungen zu entströmen scheint. Die mittelalterliche Silhouette der Cloisters steht ins Land hinein wie in irgendein Land am alten Meer im Süden Europas. Und von dort stammen sie auch, die zusammengefügten Versatzstücke dieses Bauwerks, das sich in die Neue Welt verirrt hat. Hier oben stehe ich am Heck des großen Floßes Manhattan, das unaufhörlich dem Ozean zutreibt, für den allein es Augen hat, dem es zugewandt und dessen Launen es ausgeliefert ist.

Als ich zum ersten Mal nach New York kam, ging ich durch die Straßen wie durch meinen eigenen Traum von der Stadt. Denn genau so hatte ich mir New York vorgestellt, genau so in hundert Filmen gesehen. Was ich im Kino nicht sehen konnte, den Geruch der Subway, die auf mich, den auf irgendeiner Straße Dahinstolpernden, gerichteten brennenden Augen eines Verwirrten, der, hell aufschreiend, in einer Seitenstraße verschwand, dieser und dieser und dieser Mensch, der dort drüben ging und mit dem ich hätte sprechen können, von dessen Leben ich hätte erfahren können, vielleicht, wenn ich wollte, dies alles hatte ich im Kino nicht sehen können, und ich konnte auch nicht ahnen, dass es eine Stadt gab, in der die Räume so sehr aufgesprengt waren wie hier, und in der scheinbar alles möglich war. Jeder Augenblick angefüllt mit unendlicher Möglichkeit, randvoll mit Welt, wohin ich auch sah.
Diese Stadt war eine Zumutung, ein Geschenk, ein Kampf. Eine Zumutung an meine Wahrnehmung, die nicht zur Ruhe kommen sollte, die sich beständig in fremde Leben einfühlen, ihnen nachspüren, nachahnen sollte. Überfülle, wohin ich auch sah. Verabredungen, Vorhaben, Termine, wohin ich auch ahnte. In Manhattan wurde ohne Pause Leben umgeschlagen.

Im vollbesetzten Bus, der die Fifth Avenue downtown fährt, höre ich den Monolog des Fahrers: „Schau dir den an! Schneidet einfach so rüber. Wo alle diese Leute nur herkommen? Hat die jemand hierher gebeten? Uns fragt ja keiner. Nie fragt uns einer. Diese Stadt ist ein Höllenpfuhl. Da bleibt nur noch abhauen. Sobald ich den letzten Tag hier runtergerissen habe, bin ich eine Fliege! Ab, irgendwohin, wo den ganzen Tag die Sonne scheint und wo keine Verrückten auf der Straße sind. Ich hab genug. Das ist eine Stadt für Beknackte. Nichts wie weg hier. Sobald ich irgend kann. Mich sieht hier keiner mehr. Sollen doch machen, was sie wollen, die Verrückten. Ohne mich, sag ich nur. Ohne mich. Ja, Lady, ja doch, ich mach die Tür schon auf, nur nicht ungeduldig werden." Eine ältere Dame steigt ein, der Fahrer schließt die Tür. Er will losfahren, als ein junger Mann heftig gegen die Tür klopft. Der Fahrer öffnet, der junge Mann steigt aber nicht ein, sondern blockiert mit seinem Fuß die Tür. Er blickt nach hinten und winkt jemanden her. Der Fahrer wird ungeduldig und beginnt zu schimpfen. Der junge Mann schimpft kräftig zurück, ein Wort gibt das andere. Der Fahrer schnaubt vor Wut, droht, bei offener Tür loszufahren. Da, endlich kommt die junge Frau, mit hochrotem Kopf steigt sie ein, der junge Mann hinter ihr. Die beiden setzen sich in eine der vorderen Sitzreihen, der Bus fährt rasant los. Der Fahrer schimpft in den Innenspiegel, der junge Mann schimpft laut zurück. Da bremst der Fahrer den Bus mitten auf der Straße ab, keine Haltestelle in Sicht. Er steht auf, ich rechne damit, dass er den Jungen hinauswirft. Er stellt sich vor ihm auf, der angespannt wartet. Der Fahrer reicht ihm die Hand, sagt: „Es tut mir leid, Mann. Ich hab es nicht so gemeint. Meine Nerven sind zur Zeit ein bisschen dünn. Du bist in Ordnung, Mann. Alles OK?" Der junge Mann schlägt ein, ein fester Händedruck, ein versöhnlicher Blick. Der Fahrer geht zurück an seinen Platz und fährt weiter.

An einer Ecke im Greenwich Village sitzt ein Homeless. Als eine Frau an ihm vorbeigeht, sagt er: „I take change, checks, creditcards and smiles." Da lächelt sie ihn an. „Hey! I got a smile!", sagt er und er strahlt. Die Frau und wir anderen, die Zeugen der Szene sind, sind beschämt. Denn der Bedürftige ist es, der uns beschenkt, uns für einen Augenblick aus unserer Verpanzerung erlöst. Wir wissen nicht, wie es ihm danken. Mit einer Münze? Er wirkt, als hätte er hier auf der Straße eine Aufgabe zu verrichten, als müsse er in unsere Herzen vordringen, um uns zu befreien. Nirgendwo sonst habe ich Bettler wie in New York gesehen. Menschen, die mich aus Augen ansahen, die mein Dasein wie mit einem Blitz erhellten, die mir zeigten, dass ich selbst es war, der in Gestalt dieses Menschen auf der Straße saß und um eine Münze bat.

Die Kellnerin in einem vegetarischen Restaurant begrüßte mich mit sehr angenehmem Akzent. Ich fragte sie nach ihrem Herkunftsland. Kanada, sagte sie. Nur zwei Tische waren besetzt, sie hatte Zeit, und so kam sie immer wieder zu mir. Setzen durfte sie sich nicht. Aber ein wenig sprechen. Sie sei Schauspielerin, sagte sie, und sie überlege, ob sie nach Los Angeles umziehen sollte. In der Woche davor hatte ihr Agent ihr ein Treffen mit einem mächtigen Filmproduzenten vermittelt. Wie ist es gelaufen, fragte ich. Sie lächelte so wunderschön, dass ich mir nicht vorstellen konnte, dass sie das, was

sie wollte, nicht erreichen würde. Freilich war das naiv von mir. Aber ohne Naivität sind wir verloren, ist es nicht so? Sie eilte neu ankommenden Gästen entgegen, überreichte ihnen die Speisekarte mit solcher Eleganz, daß die Gäste nicht anders konnten als glücklich dreinschauen. Sie eilte zur Kasse, brachte denen, die zahlen wollten, die Rechnung, eilte an den Tisch der Neuankömmlinge – nicht ohne mir einen warmen Blick zu schenken – und nahm die Bestellung auf. Mit der Bestellung flog sie zurück an die Küchenluke, reichte sie einer Hand im Dunkeln, und schon war sie wieder bei mir und erzählte mir mit dem offensten Blick der Welt, daß es ihr sehr schwer falle, New York zu verlassen. Diese Stadt gebe ihr alles, was sie brauche. Jeden Tag, den sie nicht hier verbringen könne, vermisse sie das Lebensgefühl hier. Seit vier Jahren lebte sie in New York, hatte hier die Schauspielschule besucht. Nebenbei hatte sie von Anfang an gekellnert, wie die meisten ihrer Berufskollegen. Nächste Woche habe sie wieder ein Casting in Los Angeles, ob ich ihr die Daumen drücken könne. Wie fröhlich sie war, während sie sprach. Wieviel Kraft und Zuversicht in ihrer Stimme lag. Und auch wenn sie es nicht schaffen würde, wenn Hollywood verschlossen bliebe – ihre ansteckende Leichtigkeit würde sie nicht verlieren.
(Vergleiche nicht! schoss es mir durch den Kopf, denn schon hatte ich an die Begegnung mit einem taxifahrenden Soziologen in Berlin denken müssen, in dessen belegter Stimme eine Anklage an die Welt über das Unrecht mitschwang, dass er sich zu einer Dienstleistung erniedrigen müsse; im Übrigen war es eine Ungeheuerlichkeit von mir, dem Fahrgast, dass ich mir nicht Zeit nahm, Beethovens spätes Streichquartett, gespielt vom Juillard Ensemble, zu Ende anzuhören; oder gar mit einer jungen Frau hinter der Theke einer Backstube in einem Supermarkt, die sich auf meine Frage nach der Bezeichnung für dieses und jenes Brot mit einem „Woher soll ich das denn wissen? Ich bin doch nur Heinzelmännchen!“ entrüstete; oder jener Kellnerin in Kreuzberg, die mir mein Getränk mit einer so beleidigten und zutiefst unter dem Missverständnis der Welt leidenden Gesichtsausdruck brachte, so als wollte sie sagen: „Glaubt bloß nicht, dass ich Kellnerin bin! Ich studiere Psychologie im zwölften Semester, und es ist ein Irrtum und eine Frechheit vom Leben, dass ich jetzt hier rumrennen und euch Idioten euren Früchtetee servieren muss!“)
An einem warmen Novembertag saß ich mit einem chinesischen Freund vor einem Café im Village. Ringsum fröhliche, leicht bekleidete Menschen. Ein Schwarzer ging mit einer Liste von poetischen Sujets in der Hand durch die Reihen der Sitzenden und stellte sich als „The Poet Of New York“ vor. Gegen die bescheidene Gebühr von einem Dollar konnte man aus einem Katalog Sujets wie love, hate, grief, friendship, truth und schließlich death auswählen. Auf das Stichwort hin legte der Poet Of New York los. Nachdem er sein Gedicht aufgesagt hatte, bedankte er sich, lächelte freundlich und ging an den nächsten Tisch. Mein chinesischer Freund schüttelte ungläubig den Kopf.
Als es dunkel wurde, gingen wir in eine Bar. Wir saßen an einem Tisch ohne Blick nach draußen und redeten und redeten. Wir hatten uns längere Zeit nicht gesehen und eine Menge zu erzählen. Es waren Stunden vergangen, als wir auf die Straße traten. Es riss uns die Augen auf. Wie in einen offenen Hausflur warf der Wind Schnee auf das Floß

Manhattan. Schon lag der Schnee überknöcheltief. Die Autos fuhren langsam und stotternd. Eine Gruppe junger Schwarzer warf Schneebälle über die Straße. Ein Mann kam aus einem Deli-Store. Dicht neben ihm schlug ein Schneeball ein. Er riss den Kopf herum, spielte seinen Schrecken noch einmal nach. Dann ging er winkend davon. Wir gingen den Broadway entlang uptown, der weiß war wie eine Rutschbahn, auf die man sich nur zu setzen brauchte, um sanft dahinzugleiten. Manhattan war hell wie im Traum. Und die da und dorthin eilenden, leicht bekleideten Nachtschwärmer schienen über den frischen Schnee zu schweben.

In derselben Nacht erlebte ich den ersten unterirdischen Stromausfall meines Lebens. Ich fuhr gegen drei Uhr mit dem A-Train etwa auf Höhe der 155. Straße. Ich trug eine Sonnenbrille, um, wie es beim U-Bahnfahren hier Brauch war, jeden Blick zu vermeiden. Denn Blicke können tödlich enden. Besonders nachts an der 155. Straße. Ich war der einzige Weiße im Waggon. Ich hatte Francis Scott Fitzgeralds „This Side of Paradise" auf den Knien, als mit einem Mal alles dunkel wurde. Der Waggon kam zum Stillstand, und es war still, ganz still. Kein Laut im Tunnel. Ich nahm die Sonnenbrille ab und versuchte zu sehen. Niemand schien sich zu bewegen, und auch ich saß regungslos. Es waren endlos lange Minuten, in denen nichts geschah, und doch wanderten sie an mir vorbei, die vielen Gesichter und Geschichten meiner ersten Tage in New York. Am Tag zuvor hatte mir ein Freund vom ersten Besuch seiner neuen Freundin in New York erzählt. Glücklich und stolz war er mit ihr im Arm den Broadway hinunterspaziert. Auf Höhe der 46. Straße beschlossen sie, essen zu gehen. Sie wollte japanisch, er chinesisch essen gehen. Da sahen sie ein Restaurant mit der Aufschrift JAPANESE/CHINESE. Sie öffneten die Tür und traten ein. Er spürte sofort, dass etwas nicht stimmte. Er sagte zu ihr: Komm, wir gehen, hier stimmt was nicht. Aber sie war hungrig und wollte unbedingt hier etwas essen. Also blieben sie. Sie setzten sich in einen Winkel, das Lokal gähnte vor Leere, irgendwo hockten der Wirt und ein paar düstere Gestalten. Eine junge Kellnerin brachte ihnen die Speisekarte. Sie waren schon beim Essen, als die Tür aufflog, und es schwarz wurde vor Männern mit Maschinengewehren im Arm. Sie trugen kugelsichere Westen und sahen aus wie in einem üblen Mafiafilm. Einer schrie: Alles runter auf den Boden! Mein Freund ließ seine Gabel sinken und wollte runter auf den Boden, da kam einer an den Tisch der beiden und rief: Nein, ihr nicht! Tut mir leid, Mann, dass wir euch da reinziehen müssen! Euch passiert nichts. Bleibt einfach sitzen und rührt euch nicht. Mein Freund und seine Freundin wurden Zeugen der Entwaffnung und Verhaftung der ganzen Restaurantcrew und einiger Männer, die in Handschellen aus dem Nebenraum geführt wurden. Der Mann von vorhin erklärte ihnen, dass hier eben eine Waffenübergabe stattgefunden habe, und er zählte die beschlagnahmten schweren Waffen auf. Das alles sagte meinem Freund nichts, er schielte nur zur Tür und wollte raus. OK, sagte der Mann in der kugelsicheren Weste, ihr könnt gehen. Langsam und vorsichtig! Und langsam und vorsichtig, mit weichen Knien, gingen die beiden vorbei an zehn Rambos mit schweren Waffen, hinaus auf die Straße, wo sie sich eiligst davonmachten. Ach ja, eure Rechnung geht auf die Stadt, hatte der Mann noch gesagt. Das geschah am zweiten Tag des Besuchs

seiner österreichischen Freundin, die annehmen musste, in die Dreharbeiten eines Aktionfilms geraten zu sein.
Ich saß regungslos in der U-Bahn, meine Gedanken jagten durch meinen Kopf, ich sah den Poet Of New York, sah die österreichische Freundin meines Freundes, die kanadische Filmschauspielerin, die als Kellnerin arbeitete, meinen chinesischen Freund, von dem ich mich eben erst im tiefen Schnee verabschiedet hatte und der doch schon ein ganzes Leben weit weg war, vor mir, und ich fragte mich, was den anderen in diesem engen Waggon durch den Kopf gehen mochte, in dem wir Körper an Körper saßen, ohne dass einer sich gerührt hätte. Eine Ewigkeit später war es hell im Waggon, wir atmeten alle tief ein, lächelten einander an, wir beglückwünschten uns zur Rückkehr des Stroms, zwei Schwarze schlugen ihre Handflächen gegeneinander, und der Zug fuhr mit einem Ruck weiter uptown.

In der Stadt folgt Blick auf Blick, Berührung auf Berührung. Jeder ist für sich, und doch bleibt keiner ganz allein (Ideal). Wie, wenn alle Arbeiten, alle Träume, alle Hoffnung, alle Verzweiflung weitergegeben würden von Hand zu Hand, von Mensch zu Mensch, über die Generationen hinweg, in einer endlosen Kette, unzerreißbar und unaufhörlich. Nichts geht verloren. Und keiner ist frei.
Dieses Bild ist mir nirgends so deutlich, so lebendig geworden wie in New York, der Stadt, in der Ideen wie im Staffellauf weitergegeben werden.

An einem anderen frühen Morgen fuhr ich im Taxi den FDR-Drive am East River flussaufwärts nach Hause. Ein erster Läufer durchschnitt am Fußgängerstreifen das Halbdunkel. Langsam trat die Silhouette der Stadt wie eine Skulptur aus der Nacht hervor. New York atmete tief und langsam, noch hatte das Crescendo des aufsteigenden Tages mit seiner von Minute zu Minute volleren U-Bahnen und den verstopften Brücken und Tunnelzufahrten die Stadt nicht erfasst. Friedlich lag die Stadt in der Stunde der Wachablöse, des Zögerns und der Ruhe. Ich sah noch einmal den alten Mann vor mir, den ich am späten Nachmittag auf der Brooklyn Bridge Zeitung lesen gesehen hatte, das Gesicht ozeanwärts, Staten Island und der Freiheitsstatue zugewandt, wie für den Fotografen arrangiert (kam keiner, der auf den Auslöser drückte?), während Büroangestellte mit Aktenkoffern an ihm in ihren Feierabend vorbeigingen, ein Läufer seine Lungen füllte. Und sie zog an mir vorbei, die Karawane der Bilder dieses Tages, der jetzt zur Ruhe kam, ich sah in raschem Wechsel Gesichter von der Straße wieder, kurze Augenbegegnungen an dieser und jener Ecke, im U-Bahnschacht, auf dem Flur eines Apartmentbuildings, durch ein Schaufenster getrennt und doch für einen Augenblick verbunden. Und während das Taxi das Autobahnkreuz beim Harlem River Drive erreichte – drüben in der Bronx tauchte die Silhouette des Yankee Stadiums auf, von wo an Spieltagen bei entsprechender Windrichtung die Jubel- und Empörungsschreie der Zuschauermenge einen wie eine Welle weitum mittrugen – kam die Stadt in mir, ich in der Stadt zur Ruhe, und das Klopfen der Reifen auf der Betonpiste am schmalen Harlem River schuf um mich einen Körper aus Einverständnis mit allem, was war, wie es war.

Wolfgang Hermann

Drifting Through a Tunnel System of Dreams

As I stand on the heights of Fort Tryon Park at the western end of Manhattan, with one foot in the Bronx, an ancient landscape seems to stretch before my eyes – a landscape only recently invaded by man-made buildings. Along the horizon, I see the wooded shores of New Jersey lining the Hudson River, which appears to spring from tales of old. The medieval silhouette of the Cloisters rises against the landscape just like in any country along the ancient shores of the Mediterranean. And this is, in fact, where they come from, the assembled set pieces of this building that has strayed errantly into the New World. Up here, I stand at the stern of this huge raft Manhattan drifting incessantly toward the ocean, having eyes only for the sea, its face turned toward it, at the mercy of its moods.

During my first visit to New York City, I walked through the streets as if I were walking through my own dream of this city. This was exactly how I had imagined New York to be, this was how I had seen it in a hundred movies. What the movies had not shown were the smell of the subway, the burning eyes of a disturbed man who, before he disappeared screaming into a side street, stared at me as I stumbled along, this person or that one or the one walking over there, a person whom I might have talked to, who might have told me about his or her life, perhaps, if I had tried to find out – all this had not been in the movies, and there was no way I could have expected a city where spaces were broken open as much as they were here, a place where everything seemed to be possible. Every single moment brimming with infinite possibilities, overflowing with the rhythm of the world, no matter where I looked.
This city was an imposition, a gift, a fight. An imposition on my sense of perception, which was not to come to a rest, which was constantly to feel its way into foreign lives, tracing, guessing, imagining what they were like. Overabundance wherever I looked. Appointments, plans, dates wherever I suspected them to be. In Manhattan, life was being turned over without pause.

In a jam-packed bus going down 5th Avenue, I am listening to the driver talking to himself. "Now look at him! Cutting across like that! I wonder where all these people come from. Did anyone ask them to come here? At least nobody asked us. They never do. This city is like hell. The only thing's to get out of here! I'll beat it as soon as I'm through with this. Off someplace where the sun is shining all day and where there are no maniacs in the streets. I've had enough. This is a city for nuts. Gotta get out of here, as soon as I can. They won't see me here no more. Let them do what they want, those nuts. But without me, I'm telling you. Without me. Yeah, Ma'am, I'm opening that door, take your time..." An older lady gets on the bus, the driver closes the door. As he is about to drive on, a young man bangs against the closed door. The driver opens the door again, but the young man does not get on; he just blocks the door with his foot. He's looking across his shoulder, waving to somebody. Impatiently, the driver starts telling him off. The young man argues back, one thing leads to another. The driver is snorting with rage, threatening to start driving with the door open. Then finally, a young woman turns up, gets on the bus, red as a beet, the young man follows close behind. The two of them take a seat in one of the front rows, and the bus speeds off. The driver is cursing into the rear-view mirror, the young man arguing back. Then all of a sudden the driver hits the brakes in the middle of the street, far from the next stop. He gets up and I reckon he is going to throw the guy out. He plants himself in front of the young man, who becomes tense. Then the driver stretches out his hand and says, "I'm sorry, man. I didn't mean it. My nerves are a bit strained at the moment. You're OK, man, everything alright?" The young man shakes his hand – a firm handshake, a reconciling smile. The driver goes back to his seat and drives on.

A homeless man is sitting at a corner in Greenwich Village. As a woman is walking by, he says, "I take change, checks, credit cards and smiles." This makes her smile at him. "Hey! I got a smile!" he says, beaming all over his face. The woman and all of us who have witnessed this little scene feel ashamed. Because it is the man in need who has presented us with a gift, who has for a moment released us from the armour that binds us. We do not know how to thank him. With a dime? He looks as if he had a mission here in the street, as if he had to touch our hearts in order to set us free. Nowhere else have I seen such beggars as in New York. People looking at me from eyes that, in a flash, lighten up my existence, showing me that it was actually myself, in their shape, sitting there on the street, asking for a dime.

The waitress at a vegetarian restaurant greeted me in a very pleasant accent. I asked where she was from. Canada, she said. Only two tables were occupied, so she had time to spare and kept coming back to me. She was not allowed to sit down, but talking was okay. She was an actress, she said, and she was wondering whether to move to L.A. The week before her agent had arranged a meeting with an important film producer. How did it go, I asked. She smiled such a wonderful smile that I could not quite imagine that

she would not always get what she wanted. Of course this was a naive thought. But we'd be lost without naivety, wouldn't we? She hurried to welcome newly arriving customers, passing the menu to them with such elegance that they could not help but smile. She hurried to the cash register, took the check to some customers who wanted to pay, hurried back to the new arrivals – not without shooting me a warm glance – and took their orders. Orders taken, she almost flew back to the kitchen hatch, handing the orders to a hand appearing out of the dark, and there she was back with me, telling me with the most sincere look in her eyes that she found it very hard to leave New York. This city gave her everything she needed. Every single day she had to spend elsewhere she was missing this New York state of mind. She had been living in New York for four years, training to be an actress. Right from the beginning, she had been jobbing as a waitress on the side, like most of her colleagues. Next week she was going to attend another casting in L.A., would I keep my fingers crossed for her? How cheerful she looked while she was speaking. How much power and optimism there were in her voice. Even if she never made it to Hollywood, she would never lose her enchanting ease.
(It suddenly occurred to me not to make comparisons, as I remembered my encounter with a taxi-driving sociologist in Berlin, whose husky voice seemed to accuse the world of allowing such injustice as him having to humble himself to the point of driving a taxi, and anyway, wasn't it outrageous that I did not take the time to listen to all of Beethoven's late String Quartet, performed by the Juillard Ensemble. Or a young woman behind the bread counter at a supermarket, who, when I asked her the names of various breads, indignantly answered, "How should I know? I only work here..." Or that waitress in Kreuzberg, Berlin, who, while serving me my drink, had put on an expression of offense for all the world to see how much she was suffering from being misunderstood by everyone, just as if to say, "Don't even dare to think I'm just a waitress! I'm a psychology student and it is a mistake and an impertinence of life that I have to run around here serving you idiots your stupid fruit teas!")

On a warm November day I was sitting in front of a Greenwich Village café with a Chinese friend, surrounded by a happy crowd in light clothes. An African-American was wandering from table to table, presenting a list of poetic themes and introducing himself as the "Poet of New York." For the modest fee of one dollar, one could choose one of the subjects from his catalogue, which ranged from love, hate, grief, friendship and truth all the way to death. Given the keyword, the Poet of New York fired off his poem, thanked the person that had ordered it, smiled and went on to the next table. My Chinese friend shook his head in disbelief.
As night fell, we went into a bar. We sat down at a table far from the window, and we talked and talked. We had not met for quite a while and there was a lot to tell. The hours flew by, and when we stepped back out into the street, our eyes popped wide open. The wind was blowing snow onto the raft that was Manhattan, just like into an open hallway. The snow layer was already more than ankle-deep. The cars were going slowly, sput-

tering. A group of young African-Americans was throwing snowballs across the street. A man was walking out of a deli and a snowball hit the wall right next to him. He thrust his head around, in a replay of how he had been startled. Then he walked off, waving. We walked up Broadway, which was covered in white like a snowslide inviting you to sit down and smoothly slide along. Manhattan was as bright as in a dream. And the few night owl, hurrying here and there in their too light clothing, appeared to be floating above the fresh snow.

That very night, I experienced the first subterranean power failure of my life. I was on the A train around three a.m., somewhere near 155th Street. As was customary here when riding the subway, I was wearing sunglasses to avoid eye contact. Eye contact could be fatal. Especially at night, at 155th Street. I was the only white person on the train. I was reading Francis Scott Fitzgerald's "This Side of Paradise," when all of a sudden everything got dark. The train stopped still, and silence fell. Complete silence. Not a sound in the tunnel. I took off my sunglasses, trying to see something. Nobody seemed to move, and I sat there motionless, too. Endless minutes with nothing happening, and yet they all passed before my mind's eye, the many faces and stories of my first days in New York City. The day before, a friend had told me of his new girlfriend's first visit to New York. Arm in arm, they had been walking along Broadway, all happy and proud. Near 46th Street, they had decided to have something to eat. She wanted Japanese food, he wanted Chinese. They saw a restaurant sign saying JAPANESE/CHINESE. They opened the door and went in. Immediately, he sensed that something was wrong. He told her, "Come on, let's go somewhere else. Something's wrong in here." But she was hungry and wanted to eat then and there. So they stayed. They sat down in a corner. They were the only customers; somewhere in the back, the proprietor was sitting with a few dark figures. A young waitress brought them the menu. They had already started eating when the door flew open and the place seemed to go dark as a number of men stormed in, carrying machine guns. They were wearing bullet-proof jackets and looked as if they had walked out of a bad mafia film. One of them shouted, "Get down, everyone!" My friend dropped his fork, ready to hit the ground, but one of the men walked over to their table and said, "No, not you. I'm sorry to drag you into this, man. Don't worry, you'll be fine. Just stay seated and don't move." My friend and his girlfriend sat there watching as the entire restaurant crew was disarmed and arrested, including a few men that were led out of a side room in handcuffs. The man told them that they had just caught a gang of weapon dealers red-handed and went on to give them a full account of the various heavy arms that had been seized. My friend did not understand any of it; he just glanced at the door and wanted to leave. "OK," said the man in the bullet-proof jacket. "You may go now. Slow and careful." And slowly and carefully, their knees trembling, the two of them walked past these ten heavily armed "Rambos," out into the street, trying to get away from there as fast as they could. "Alright, the tab is on the city," the man had said. This happened on the second day my friend's Austrian girlfriend was in New York.

Obviously, she must have thought she had walked onto the shooting of an action movie. I was still sitting in the subway, motionless, my thoughts racing through my mind. I saw the Poet of New York, saw my friend's Austrian girlfriend, the Canadian would-be actress who was jobbing as a waitress, my Chinese friend, whom I had only just said good-bye to in the snow and who already seemed a lifetime away from me, and I was wondering what the other people in this tightly packed subway car might be thinking of, as we were sitting there body to body, without anyone moving. An eternity passed, and the lights went back on. We all took a deep breath of relief, smiled at each other, congratulated each other on the fact that the power had returned, two African-Americans gave each other five, and with a jerk the train continued uptown.

In this city, one look follows another, and touch follows upon touch. Everyone keeps to themselves, and yet no one is left all alone (an ideal). As if all work, all dreams, all hope, all despair were passed on from hand to hand, from person to person, from generation to generation, in an endless chain that will not break and will never end. Nothing is ever lost. And no one is ever free.
Nowhere has this image been clearer, more vivid to me than in New York, in the city where ideas are passed on like in a relay race.

One early morning I was riding home in a taxi, up along the East River on the FRD Drive. An early jogger cut through the semi-darkness on the pedestrian path. Slowly, the city's silhouette emerged out of the dark like a sculpture. New York was taking long, deep breaths, still undisturbed by the crescendo of the rising day with its subways, that were getting fuller and fuller by the minute, and with its jammed bridges and tunnel access roads. Peacefully, the city was lying there in this hour of the changing of the guard, of hesitation and calmness. The image of an old man came back to my mind, a man I had watched in the late afternoon on Brooklyn Bridge, reading his newspaper, facing the ocean, Staten Island and the Statue of Liberty, just like posing for a photograph (would no one come and press the release button?), as office workers carrying briefcases walked by, into the evening, and a jogger took a deep breath to fill his lungs. A caravan of this day's images passed before me, of a day that was now coming to a rest. In a rapid sequence, I was seeing faces I had seen in the street, short moments of eye contact at this corner or the other, in the subway tunnel, on the corridor of an apartment building, separated by a shop window, yet linked for the fraction of a second. And as the taxi reached the Harlem River Drive expressway interchange – with the silhouette of the Yankee Stadium appearing over there in the Bronx, from where, when the wind was coming from the right direction during a game, waves of cheers or protest from the watching crowd would drift over to me –, the city came to a rest within me, and I came to a rest in this city. And the rapping of the tires on the concrete track along the narrow Harlem River created a space of consent around me – consent with everything that was, as it was.

INGE MORATH PHOTOGRAPHS

Encounter near
Times Square,
1957

SHUBERT
THEATRE
JUDY
HOLLIDAY
IN
BELLS
THEATRE
TICKETS
TAXI

Brazilian Nights Ball,
Pierre Hotel, Fifth
Avenue, 1958

Brazilian Nights Ball,
Pierre Hotel,
Fifth Avenue, 1958

Visitor in the
Metropolitan Museum,
1958

Three Ladies on Fifth Avenue and Forty-second Street, 1958

Woman with Toy Poodle.
Fifth Avenue Upper East Side,
1958

The Perfect Eyebrow.
Helena Rubenstein
Beauty Class, 1958

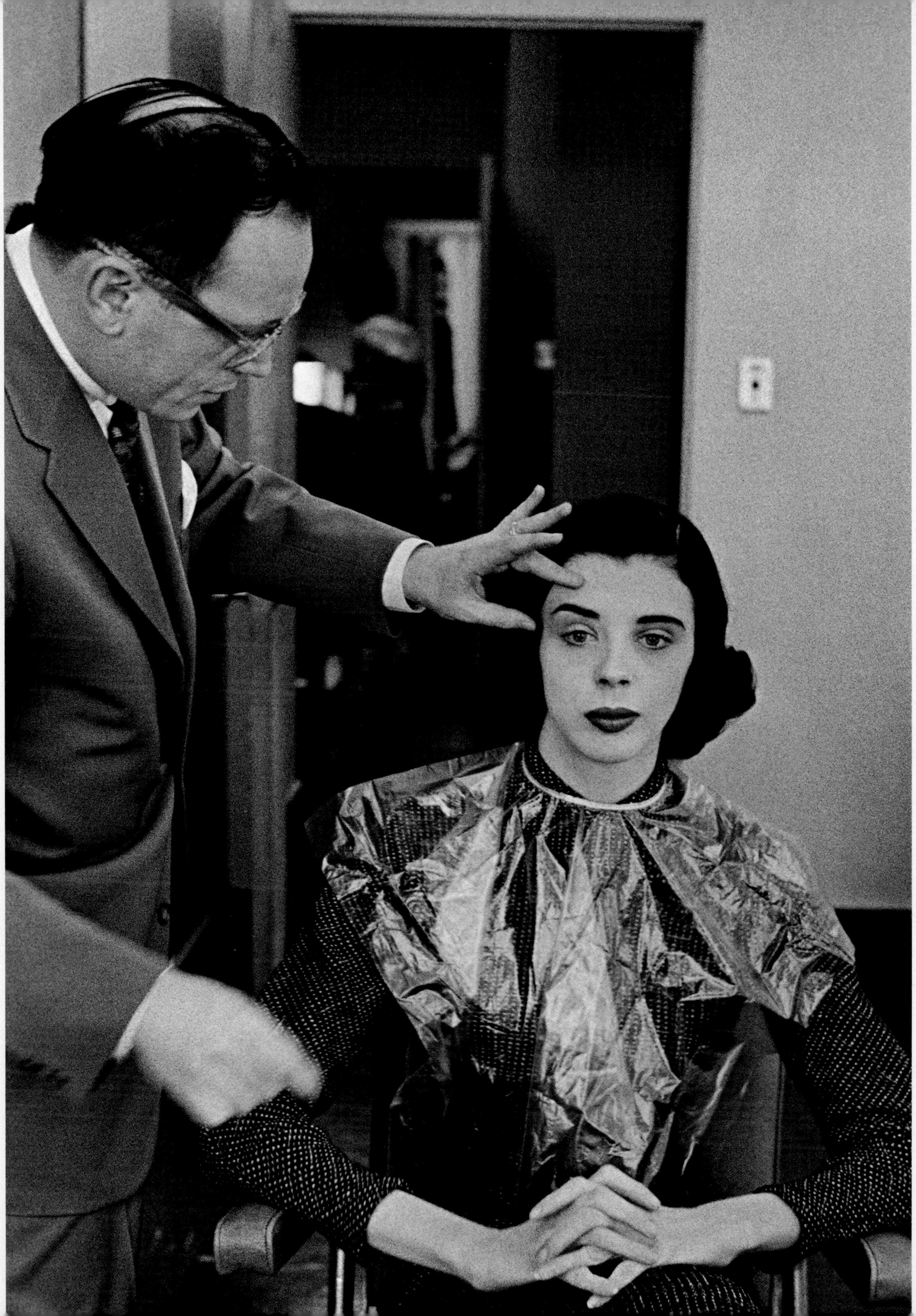

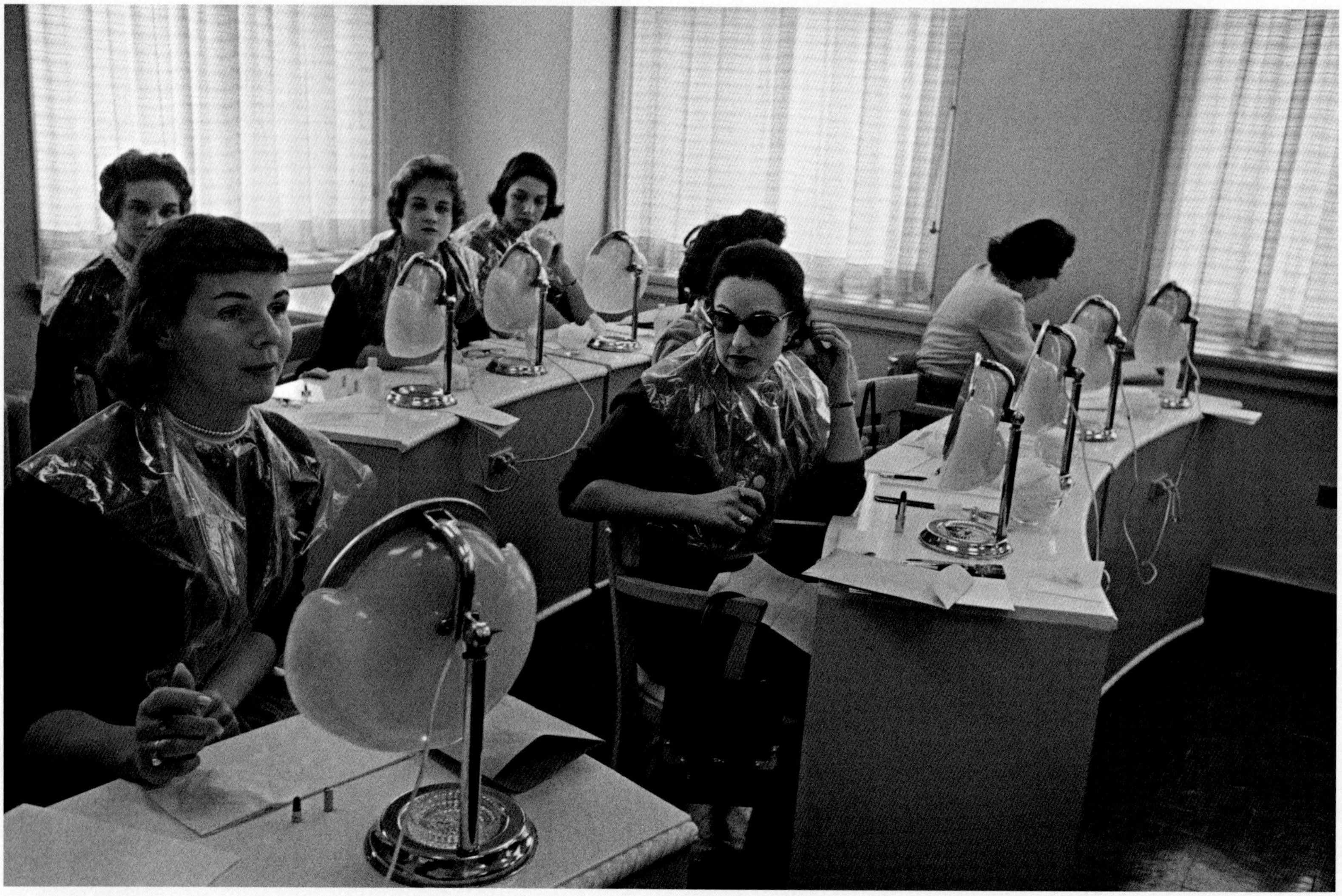

Beauty Class
Helena Rubenstein Salon
Fifth Avenue, 1958

Exercise Class at Helena Rubenstein´s Beauty Salon on Fifth Avenue, 1958

Private Viewing at Saks
Fifth Avenue,
1959

Actress, Model Nancy Berg
on the Run to an Appointment,
1956

Nancy Berg in Taxi
on the Way to Work,
1956

Nancy Berg in the Office of
a Model Agency. Madison
Avenue, 1956

View from Top of Rockefeller Center, 1958

Window Washers,
Rockefeller Center,
1958

Central Park Entrance,
Harlem,
1958

View of the End of Fifth
Avenue from Fort Tryon Park
in Harlem, 1958

Igor Stravinsky on his Way to a Recording Session, 1959

204

Baby´s Outing.
Fifth Avenue near
Rockefeller Center, 1958

Snow Storm in
New York City,
1961

Chess Players in
Washington Square,
1958

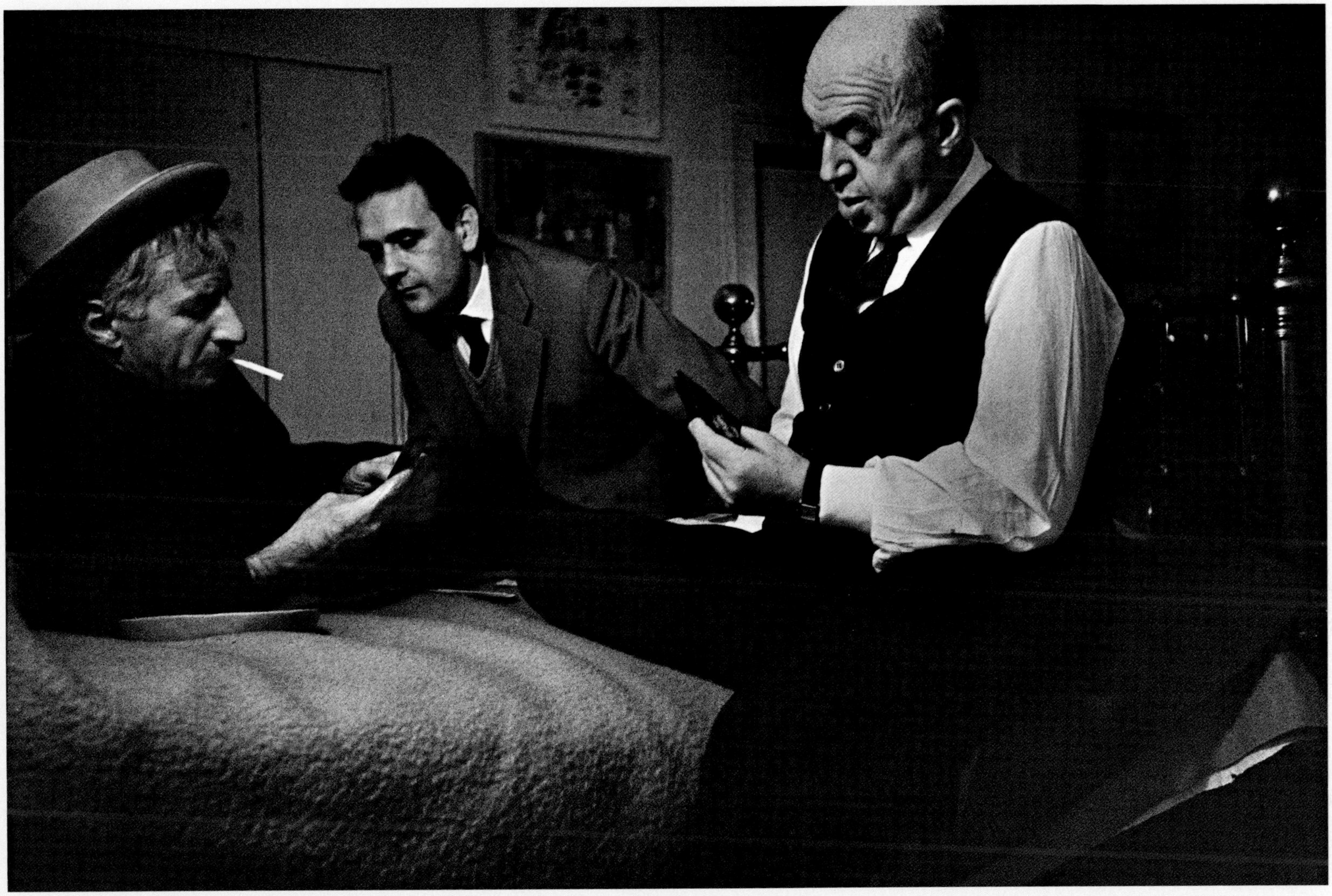

Poker Players on 23rd Street. Gjon Mili and Otto Preminger. Kibitzing is Michel Chevalier, 1958

Brooklyn Bridge
View towards
Manhattan, 1961

The Ballerina Vera Zorina
in Horse-drawn Carriage
in Central Park, 1958

Fountain in Bryant Park
behind the NY Public
Library, 1962

Morning on the
Brooklyn Bridge,
1963

Rooftop Playground
in Brooklyn, 1961

Orchard Street,
1959

Lingerie Shop Window
Lower East Side, 1957

Kosher Butcher
Lower East Side, 1957

Shop Window,
Madison Avenue, 1958

Bookstore,
Fifth Avenue,
1958

Choosing for the Bridal
Registry at Tiffany´s,
1958

Staten Island
Ferry Window,
1960

Telephone Booths,
Lower East Side,
1959

People on Fifth Avenue
42nd Street,
1958

W 42 ST
WALK

Downtown Manhattan,
1959

Merry-Go-Round
in Central Park, 1960

The Statue of Alice
in Wonderland in
Central Park, 1962

Easter Parade,
Rockefeller Center,
1962

Mounted Policeman and Passersby on Fifth Avenue near 34th Street, 1958

2424

Manhattan Seen from
Brooklyn´s Williamsburg
Area, 1961

Happy Man Strolling
by Battery Park,
1962

View of Manhattan,
1962

wsweek
CHARLES SCRIBNER'S SONS

New York
Public Library,
1958

Brooklyn Neighborhood.
The Bridges in the Background,
1963

Model of the Statue of
Liberty atop a Building
Seen from Radisson
Empire Hotel, 1958

FRESH, FINE AND FASHIONABLE! '59 CHEVY
AUTO SCHOOL
LEARN TO DRIVE
PARKING
PARKING
Mobil
READER & ADVISOR
PARKING
ROOMS

Madison Avenue
at Christmas,
1958

Santa Claus at the Manhattan Savings Bank, Madison Avenue, 1958

Shop Window,
1958

Musician in Telephone
Booth, Brooklyn, 1961

Construction Site at Foot of Brooklyn Bridge, 1963

Olmec Sculpture,
Park Avenue,
1965

Pen Club Meeting.
Left to right: Arthur
Miller, Saul Bellow,
John Steinbeck, 1966

Chelsea Hotel 23rd Street.
Mr. Gross, One of the Managers,
Tried to Run a Travel Service for a
While, 1968

Spectators Looking
out from World
Trade Center, 1996

Wall Street Stock
Exchange, 1996

Side Street off Sixth
Avenue in the Forties,
1990

Shop Window
Madison Avenue,
1997

The Actress Anna Thomson
Making up for Independent
Film "Angela". Mott Street,
1994

Astor Place.
Outside Starbuck´s Café,
1997

Spectators at the Yankee Victory of World Series Parade, 1996

Yankee Fans,
1996

New York University
Graduation Day,
1997

Louis Farrakhan Rally,
1996

Irish Cops in St. Patrick´s Day
Parade. Fifth Avenue, 1998

Puerto Rican Day Parade. Beauty Queen Waiting for her Float, 1997

Aids Rally in
Central Park,
1998

Trees in Bryant Park behind the New York Library, 1998

The Sculptor Louise Bourgeois in a Coffee Shop on the Upper Westside, 1992

Rebecca Miller.
Hat Shop Window in Soho,
1987

George Segal with his Sculpture of a Commuter. Sidney Janis Gallery, 57th Street, 1997

Keith Haring Show
Whitney Museum of Art,
1997

Keith Haring Sculpture
on Park Avenue, 1997

Metropolitan Museum
of Art, 1996

Angel of the Water
at Bethesda Terrace,
Central Park, 1996

Repair Shop,
1997

Chess Players at Lunchtime,
Wall Street, 1997

Unloading Carpets,
1996

Tortilla Maker
on Sixth Avenue, 1997

Street Vendors. Union Square and Broadway, 1997

Street Vendor,
1997

Weekend Flea Market
on Sixth Avenue and
24th Street, 1998

PAINTS
LIQUOR

Weekend Flea Market
on Sixth Avenue and
24th Street, 1998

Weekend Flea Market
on Sixth Avenue and
24th Street, 1998

Wall Street,
1996

Wall Street,
1997

Lunchtime at Cafe Yaffa
on St. Mark's Place, 1997

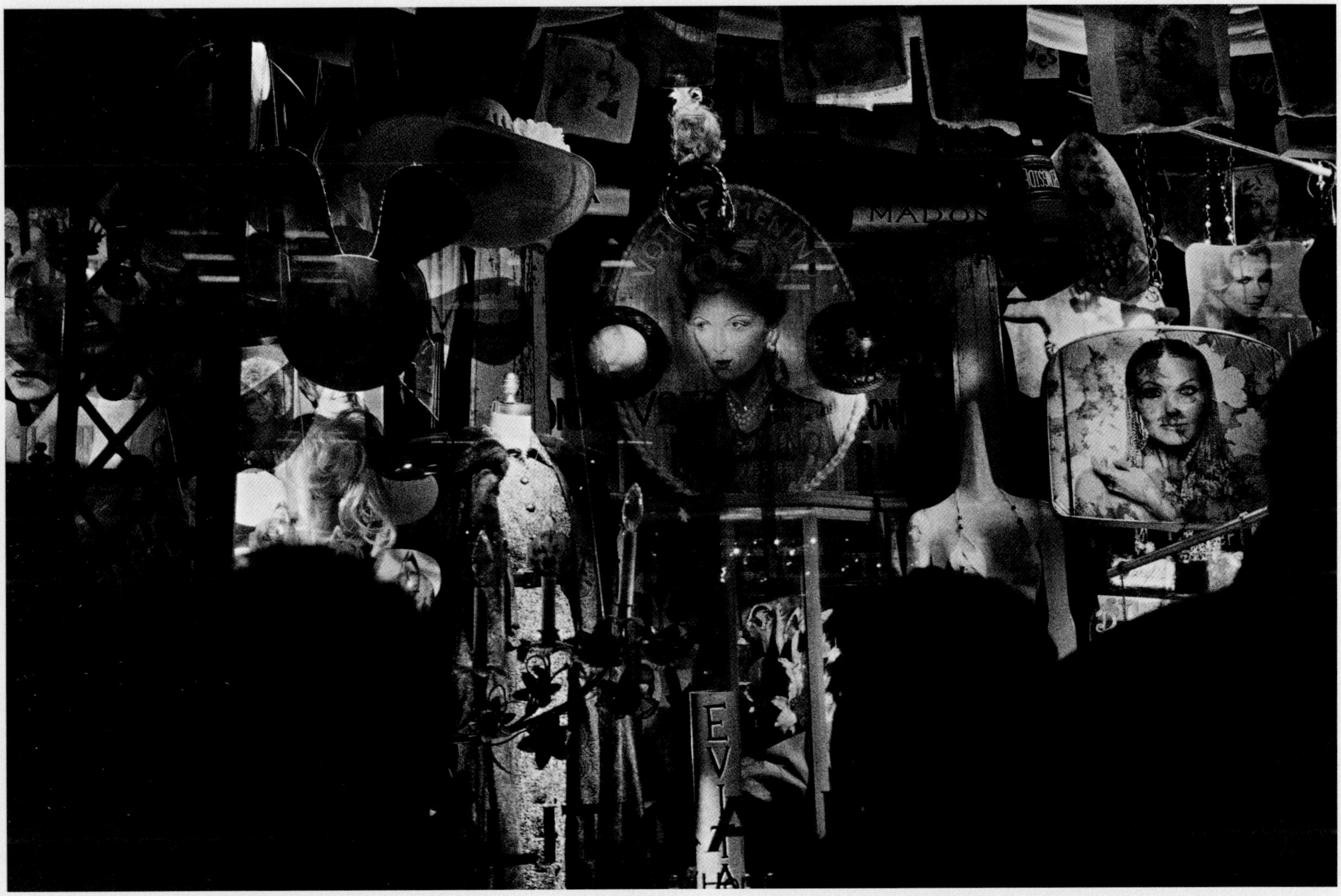

Shop Window at Barney`s
Madison Avenue, 1996

The Poet Julia Bolus,
1997

Anne Gill
at Ambac Corporation,
1995

Reading a Book
in Central Park,
1997

Window Front in Lower
East Side with Plaster
Statues, 1997

Times Square
Abandoned Buildings,
1997

Twin Towers
View from Circle Line Boat,
1997

Tourists on the Ferry to
the Statue of Liberty,
1997

Performers at the
South Street Seaport,
1997

Vintage Clothing Store
Window in Chelsea,
1997

Little Ricky's Window
in Lower East Side,
1996

The Heart of
Times Square,
1997

LG
semiconductors
Van Wagner
Come Eat With Us!
OFFICIAL ALL STAR CAFE
ALL STAR CAFE
ALL STAR CAFE
DANCE HITS
SUPERMIX 2
JIM BRICKMAN
BROADWAY
Cancer Country
SPRING

Cowgirls Puerto Rican
Day Parade,
1997

Policeman on Horses
During St. Patrick's Day
Parade, 1998

Heart Float Puerto Rican Day Parade, 1997

Table and Chairs Outside
Coffee House. Lower East Side,
1997

Seurat Mural near Empty Parking Lot, Financial District, 1997

ONE WAY
YIP'S FOOD COURT
32
YIP'S

Graffiti of Mike Tyson
by Artist Andre Charles
on Houston Street,
1998

André Charles. Graffiti Artist in Front of Some of His Work. Houston Street, 1998

Erotica Show,
Javits Center,
1999

Erotica Show,
Javits Center,
1999

Anthony Truly. Drag Queen Aerobics Instructor at "Crunch Gym", 1997

Drag Queen Performance
“Lucky Cheng Restaurant”,
1997

Hairdresser at “MO Hair”
on 13th Street, 1997

Tony. Kickboxing
Instructor. N.Y. City
Health and Racquet
Club, 1997

Messenger. Sixth Avenue
and 25th Street, 1997

Skateboarder on Cooper Square, 1997

Rockefeller Center Ice Rink,
1996

Union Square, Memorial
after September 11th,
2001

MING

Kurt Kaindl / Brigitte Blüml

Inge Moraths Bilder von New York

Der vorliegende Bildband hat eine lange Entstehungsgeschichte. In den Jahren 1990/91 planten wir gemeinsam mit Inge Morath die Herausgabe einer Monografie, die 1992 schließlich im gleichen Verlag wie dieser Bildband erschien. Grundlage der Monografie waren zahlreiche Gespräche, die wir mit Inge Morath über ihre fotografische Arbeit führten, und eine ausführliche Recherche, zu der sie uns ihr Bildarchiv öffnete. Wie viele ihrer Kollegen aus dem Bildjournalismus bewahrte sie alle Aufnahmen, die sie je gemacht hat, in Form von Kontaktkopien auf. Diese sind ausführlich beschriftet und füllten, je etwa 100 solcher Kontaktkopien pro Ordner abgelegt, einige Meter in den Regalen ihres Studios. In der Einsamkeit der Bauernlandschaft Connecticuts gelegen, war das Studio der ideale Ort für unsere Begegnung mit der Fotografin, für endlose Bildbetrachtungen und Gespräche. Die Entdeckung einer so großen Menge von Fotografien war der eine Aspekt des monografischen Projektes, der andere, wesentlichere, war die Ordnung dieses fotografischen Lebenswerkes in jene großen und kleinen Themen, an denen Inge Morath im Laufe ihres Lebens interessiert war.

Ein erstes Ergebnis unserer Recherche war 1995 die Publikation des Bildbandes „Donau". Unter den zahllosen Kontaktkopien Inge Moraths hatten wir nämlich wunderbare Fotografien gefunden, die sie in den 50er Jahren entlang dieses Stromes gemacht hatte. Ein Großteil davon war noch nie publiziert worden. Gemeinsam mit ihr entwickelten wir ein Buch- und Ausstellungskonzept, für das sie in den Jahren 1993/94 noch weitere Reisen entlang der Donau unternahm, um ihre fotografische Recherche über diesen Kulturraum abzuschließen.

Auch die Fotografien aus New York waren damals bereits ein Thema, das in den Kontaktkopien sichtbar wurde. Beeindruckend dabei war vor allem der große Zeitraum von den 50er Jahren bis zur Gegenwart, in dem Inge Morath immer wieder kleinere und größere Fotoessays über diese Stadt verfasste. Sie war selbst von der Fülle des angehäuften Materials überrascht und beschloss, sich in ihrer weiteren fotografischen Arbeit wieder verstärkt dieser Stadt zuzuwenden. Gelegenheit dazu bot ein Projekt der Agentur „Magnum" zu deren 50-jährigem Gründungsjubiläum, zu dem jeder der Fotografen eine Arbeit beisteuerte. Inge Morath wählte als ihr Projekt die Stadt New York. Neben vielen anderen konkreten Projekten und vagen Plänen wurde bei unseren Besprechungen mit ihr schließlich die Produktion eines Bildbandes über New York in Aussicht genommen.

Wie es ihrer zupackenden Art entsprach, hatte sie bald eine erste Auswahl für einen solchen Bildband getroffen. Diese Vor-Auswahl bestand bereits aus digitalen Probeausdrucken, die eine hervorragende Grundlage für die Arbeit am Buch bildeten. 2001 war das New York-Projekt soweit fertig, dass nur ein Produzent für die begleitende Ausstellung gefunden werden musste. Hier boten sich schließlich die „Europäischen Wochen" in Passau an, die im Sommer

2002 ihr 50-jähriges Bestandsjubiläum mit einem Amerika-Schwerpunkt in der Programmgestaltung verbanden. Die Kulturverwaltung der Stadt Passau wurde schließlich Veranstalter der New York Ausstellung.

Im November 2001 waren wir wieder in Inges Atelier in Roxbury, um die Bildauswahl für das Buch fertig zu stellen. Der Albtraum des 11. September war noch gegenwärtig und es erschien uns gerade in diesem Moment wichtig, ein Buch herauszugeben, das die Geschichte New Yorks in den letzten fünfzig Jahren repräsentierte. Inge Morath beschloss damals auch noch ein Bild aufzunehmen, das diese Katastrophe reflektieren sollte. Vor unserer Abreise lag schließlich das gesamte Buch in Form von Fotokopien vor, die sich in langen Schlangen durch den Wohnraum ihres Hauses wanden, und sie meditierte noch einen Tag über die Feinheiten der Bildzusammenstellung. In diese Serie integrierte Inge Morath schließlich auch noch einen kleinen Block von Farbfotos, die eine ganz bestimmte Befindlichkeit in ihrer Stadt reflektiert.

Im Jänner 2002 starb Inge Morath überraschend. Die ersten Andrucke und Korrekturbögen konnte sie nicht mehr sehen. Aber das Konzept war klar besprochen, und ihre Assistentin der letzten Jahre, MaryAnn Camilleri, kannte alle Bildablagen sowie Inge Moraths letzte Änderungen und Ergänzungen und konnte so wesentlich zur raschen Umsetzung des Bildbandes beitragen.

Zusätzlich zu dem geplanten Text des österreichischen Schriftstellers Wolfgang Hermann erklärte sich Inges Ehemann, Arthur Miller, bereit, auch einen Text über diese fotografische Arbeit zu verfassen. Er hatte die Auswahl des Bildmaterials und unsere Gespräche immer mitverfolgt, sich aber wenig in die künstlerische Arbeit seiner Frau eingemischt. Nun, nach ihrem Tod, waren die Fotos für ihn zum Teil auch neue und überraschende Zeugnisse einer Künstlerpersönlichkeit, deren besondere menschliche Qualitäten er in seinem Text beschreibt. So ist dieser Bildband das Vermächtnis einer einzigartigen Fotografin geworden.

Inge Morath hatte sich fotografisch schon früh mit New York zu beschäftigen begonnen. Als Mitglied der Agentur „Magnum" in Paris kam sie 1956 als Mitarbeiterin Henri Cartier-Bressons nach New York. 1957 fotografierte sie erstmals selbst in dieser Stadt. Aus dieser Zeit stammen Fotos wie jenes legendäre, das ein Lama in einem Auto zeigt, oder jene aus einem Schönheitssalon in der Fifth Avenue, Bilder, die inzwischen zur fotografischen Weltliteratur gehören. Die Fotos der ersten Jahre zeigen aber auch zahlreiche Motive aus armen Stadtteilen, wie Geschäfte in der Orchard Street oder Fotos aus einem Downtown Park. Seit damals blieb New York ein wichtiges Thema Inge Moraths. Es gab Phasen intensiver fotografischer Arbeit, als das Ehepaar Miller im Chelsea Hotel in New York lebte und in das künstlerische Leben der Stadt integriert war – und es gab Phasen größerer Distanz, etwa als die beiden in Connecticut auf dem Land lebten und die gemeinsame Tochter aufzogen. Und es gab immer wieder lange Reisen, die aber bei der Rückkehr einen neuen und distanzierten Blick auf diese Stadt ermöglichten. Wie in fast allen ihren Arbeiten war Inge Morath auch im Falle New Yorks vor allem an den Menschen interessiert. Sie sind es, die im Zentrum ihrer künstlerischen Aufmerksamkeit standen und um sie kreiste ihre liebevolle fotografische Beobachtung. Diese Liebe zu New York und seinen Menschen soll der vorliegende Bildband bewahren.

Kurt Kaindl / Brigitte Blüml

Inge Morath's Photographs of New York

This volume has a long history. Together with Inge Morath we planned to publish a monograph in 1990/91, which was published in 1992 by the same publishing house as this volume. The monograph was based on numerous conversations we had with Inge Morath about her photographic work, and on detailed research for which she granted us access to her photo archive. Like many of her fellow photo journalists, she had stored all the photographs she had ever taken as contact sheets. Carefully labelled and stored in files of approximately 100 copies each, these sheets filled several meters of shelves in her studio. Situated in the solitude of Connecticut's farming country, this studio was the ideal place for us to meet Inge Morath and to spend hours looking at her photographs and discussing them. Discovering such a wealth of photographs was one aspect of the monograph project; the other, more essential aspect was arranging and organizing this photographic lifework according to major and minor topics which Inge Morath had been interested in during her life as a photographer.

The first result of our research was the publication of the volume "The Danube." Among Inge Morath's countless contact sheets, we had found wonderful photographs she had taken along the River Danube in the 1950s, the majority of which had never been published before. In close cooperation with the artist, we developed a concept for a book and an exhibition, which prompted her to retrace her steps along the Danube in 1993/94 to finalize her studies of this cultural area.

Her photographs of New York had also emerged as a topic from her contact sheets at around that time. What was particularly impressive in this context was the long period of time from the 1950s to the present, during which Inge Morath had repeatedly composed both smaller and bigger photo essays about this city. She was surprised herself about the abundance of the material and decided to make New York the focus of her photographic work yet again. A project organized by the Magnum Agency on the occasion of their 50th anniversary was a welcome opportunity. Each photographer was to contribute one work to the project, and Inge Morath chose New York City as her motif. From among the many concrete projects and vague plans we discussed with her, we finally envisaged the production of a book on New York.

Determined as she was, she had soon decided on a first selection of photographs for this volume. This preselection consisted of digital test prints which constituted an excellent basis for our work. By 2001, the New York project had been more or less completed, and all that remained to be found was a producer for the accompanying exhibition. The "Europäische Wochen" (European Weeks) in Passau, Germany, which was to include a special focus on America in the program of their 50th anniversary in the summer of 2002, seemed an appropriate setting and thus the cultural authority of the city of Passau finally organized the exhibition on New York.

In November 2001, we returned to Inge's studio in Roxbury to complete the selection of photographs for the book. The nightmare of September 11 was still present, and it seemed important to us particularly at this moment to publish a book that documented the past 50 years of New York history. At that time, Inge Morath decided to take one more photograph that was to reflect the events of September 11. Before we left, the volume had been completed to the point where the respective photocopies wound their way through the living area of her house; Inge Morath spent one more day meditating on the details of the exact composition of images. Finally, she also integrated a small block of color photographs which reflected a special state of mind present in her city.

January 2002 saw Inge Morath's unexpected death. Although she had not had a chance to see the first test prints and proofs, the concept had been clearly defined and her assistant MaryAnn Camilleri knew all her photo files and was informed about the last changes and additions Inge Morath had wished to make and was thus able to contribute essentially to the swift completion of this volume.

In addition to the originally planned text by the Austrian author Wolfgang Hermann, Inge's husband Arthur Miller also agreed to write a text on this particular photographic work, which will accompany this volume . Arthur Miller had followed both the selection of photo material and our conversations, but had rarely interfered with his wife's artistic work. Now, after her death, these photographs, in part, also became for him new and surprising manifestations of the artistic personality of the woman whose special human qualities he describes in his text. Thus, this volume has become the legacy of a truly unique photographer.

Inge Morath had begun to devote her attention as a photographer to New York at an early stage. As a member of the Magnum Agency in Paris, she came to New York in 1956 to work with Henri Cartier-Bresson. In 1957 she took her own first photographs of this city. Pictures like that of the legendary lama looking out of a car window or those taken in a beauty parlor on 5th Avenue stem from that series – pictures that have meanwhile become part of the world literature of photography. But her photographs of the early years also show numerous motifs from poor neighborhoods, such as shops on Orchard Street or photographs in a downtown park. Ever since those days, New York has remained an important topic for Inge Morath. There were periods of very intense photographic work, when the Millers lived in New York's Chelsea Hotel and were part of the city's art scene, and there were periods of greater distance, such as when they lived in the country, in Connecticut, and raised their daughter. There were long journeys as well, which, once they were over, enabled the artist to look at the city with new eyes, as if from a distance. As in nearly all her works, Inge Morath was mostly interested in the people of New York. People have always been at the center of her artistic attention, constituting the focal point of her loving photographic gaze. This volume is meant to preserve her love for New York and its people.

Inge Morath

wurde 1923 in Graz geboren und lebte mit ihrem Mann, dem amerikanischen Dramatiker Arthur Miller, zuletzt in Connecticut, USA. Nach ersten Arbeiten als Textjournalistin in Wien ging sie 1949 mit dem Fotografen Ernst Haas nach Paris, um mit der Fotoagentur Magnum zusammenzuarbeiten. Etwas später begann sie ihre eigene fotografische Karriere. Ihre Fotos wurden in Einzelausstellungen bedeutender Museen gewürdigt. 1991 wurde ihr der erstmals vergebene „Österreichische Staatspreis für Fotografie" verliehen. Sie starb am 30. Jänner 2002 in New York.

Über ihre fotokünstlerische Arbeit wurden zahlreiche Bildbände veröffentlicht, wie „Guerre á la tristesse" (Paris 1955), „Steinberg: Le masque" (Paris 1966), „In Russia" (New York 1969), „Russian Journal 1965 – 1990" (New York 1991) und „Inge Morath. Das Leben als Photographin" (Wien 1999) und in zahlreichen Einzelausstellungen in großen Museen gezeigt. Die Bildbände „Salzburg – An Artists View" (Salzburg 1991), „Donau" (Salzburg 1995), „Portraits" (Salzburg 1999) und die Monografie „Inge Morath. Fotografien" (Salzburg 2000) wurden in der „Edition Fotohof im Otto Müller Verlag" veröffentlicht.

Inge Morath

was born in Graz, Austria, in 1923, and was last living in Connecticut, U.S.A., with her husband, American dramatist Arthur Miller. Having initially worked as a journalist in Vienna, she went to Paris with photographer Ernst Haas in 1949 in order to work with the Magnum Photo Agency. Shortly after that, she started her own career as a photographer. In 1991, she was the first photographer to be presented the "Austrian State Award for Photography." Inge Morath died in New York on January 30, 2002.

She published numerous books e.g "Guerre á la tristesse" (Paris 1955), "Steinberg: Le masque" (Paris 1966), "In Russia" (New York 1969), "Russian Journal 1965 – 1990" (New York 1991) und "Inge Morath. Das Leben als Photographin" (Wien 1999) and her photographs have been displayed in personal exhibitions at important museums. The volumes "Salzburg – An Artist's View" (Salzburg 1991), "Danube" (Salzburg 1995), "Portraits" (Salzburg 1999) and the monograph "Inge Morath. Photographs" (Salzburg 2000) were published by "Edition Fotohof im Otto Müller Verlag."

Gefördert durch / *Supported by*

Bundeskanzleramt Kultursektion, Wien
Federal Chancellery, Cultural Dept., Vienna

Kulturamt der Stadt Passau
Cultural Dept., City of Passau

Passavia Druckservice GmbH, Passau

PixelNet AG, Tiefenbach

Rahmen und Leistenfabrik Spagl

Werner Reinisch

ZF Passau GmbH